Création poétique CE

Bernard Séménadisse
Instituteur, Directeur d'école

Création poétique

CE

Bordas

Illustrations de
Celia Canning : pages 26, 27, 30, 31, 37, 38, 42 à 47, 50, 51, 60, 61.
Mahaut Carpentier : pages 9, 10, 12, 13, 16 à 21, 52 à 57.
Brigitte Susini : pages 6 à 8, 11, 24, 28, 29, 32 à 36, 39 à 41, 48, 49.

Illustration de couverture : Brigitte Susini
Maquette et mise en page : Atelier de l'Alphabet

Préface

L'objectif principal de ce manuel est de faire passer l'enfant de l'état passif de la réceptivité à l'état actif de la créativité.

En effet, jusqu'à ces dernières années, le mot "poésie", dans l'environnement scolaire, désignait seulement l'ensemble des textes imposés aux élèves et devant être appris par cœur, puis récités devant toute la classe. Mais depuis la parution des dernières Instructions officielles, il est clair que les mots: "récitation" et "poésie" ne peuvent plus être confondus; c'est ainsi que les Instructions du 7 juillet 1978 pour le cycle élémentaire précisent que les élèves devront:
"- choisir, parmi plusieurs poèmes proposés, celui qu'ils auront plaisir à dire, seul ou en groupe;
- s'essayer à réaliser des activités susceptibles de renforcer la mise en valeur de tels de ces poèmes: expression corporelle, illustration graphique, plastique..., créations orales ou écrites."

Le manuel de *Création poétique CE*, s'organise autour de ces types d'activités: imprégnation, diction (essentiellement à partir de poèmes contemporains), graphisme et exercices de créativité.

Les différentes techniques qui permettent de réaliser ces activités créatrices sont très précisément explicitées dans le *Guide pédagogique*, indissociable du manuel.

Nous souhaitons que les diverses activités présentées dans ces ouvrages permettent d'éveiller la sensibilité poétique de nos élèves et favorisent leur pouvoir créateur.

L'auteur

1. La mer

1.
Lis tous ces poèmes.

2.
Parmi toutes ces poésies, laquelle préférerais-tu apprendre ou dire devant tes camarades?

3.
Copie celle que tu as choisie sur ton cahier, puis illustre-la.

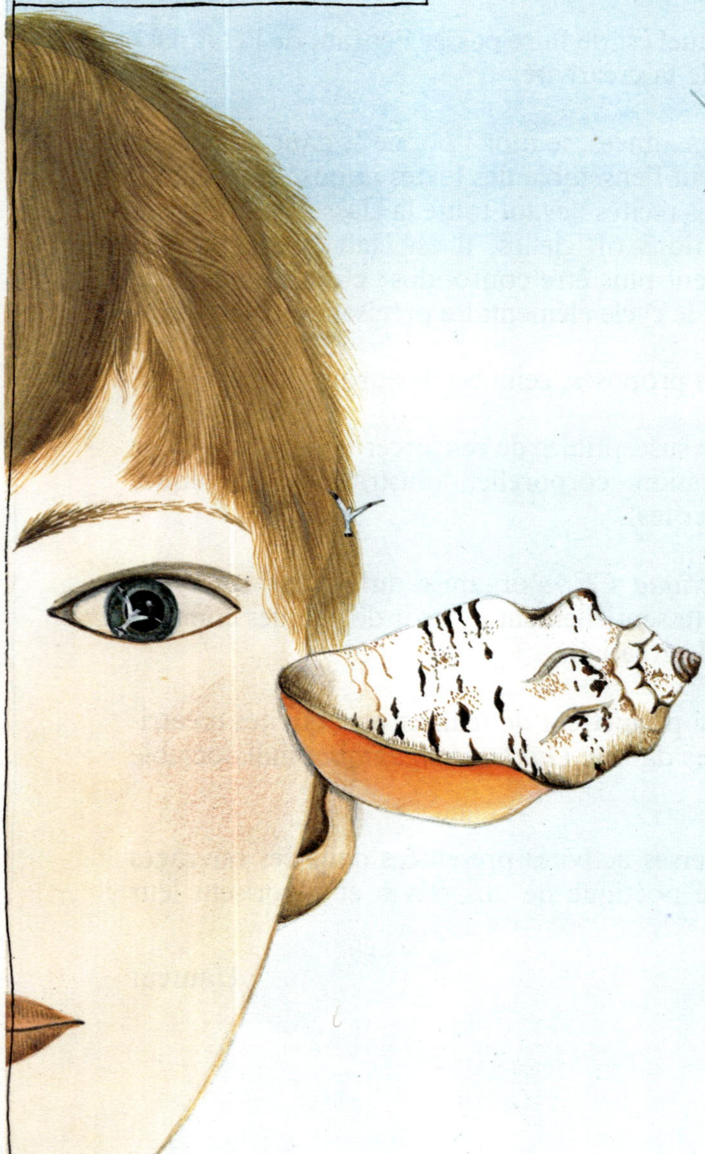

La mer

La mer brille
comme une coquille;
on a envie de la pêcher.

La mer est verte,
la mer est grise,
elle est d'azur,
elle est d'argent et de dentelle.

Paul FORT,
Ballades, Flammarion éd.

Le coquillage

Ronfle coquillage
Où l'on entend tout le bruit de la mer
Vague par vague,
Où l'on entend marcher les petits crabes
Où l'on entend mugir le vent amer.
Ronfle coquillage
Ah! Je revois tous les bateaux de bois,
Les voiles blanches
Claires comme un matin de beau dimanche
Ailes de la joie.
....
Ronfle coquillage!
En toi je retrouve les beaux jours vivants
Où les mouettes claquaient au vent
Dans un grand ciel bleu gonflé de nuages,
De nuages blancs, signes du beau temps!...
Ronfle coquillage.

Maurice FOMBEURE,
Pin-pon d'or,
Armand Colin-Bourrelier éd.

La mer secrète

Quand nul ne la regarde
La mer n'est plus la mer,
Elle est ce que nous sommes
Lorsque nul ne nous voit.
Elle a d'autres poissons,
D'autres vagues aussi.
C'est la mer pour la mer
Et pour ceux qui en rêvent
Comme je fais ici.

Jules SUPERVIELLE,
La fable du monde,
Gallimard éd.

La mer s'est retirée

La mer s'est retirée,
Qui la ramènera ?
La mer s'est démontée,
Qui la remontera ?
La mer est emportée,
Qui la rapportera ?
La mer est déchaînée,
Qui la rattachera ?
Un enfant qui joue sur la plage
Avec un collier de coquillages.

Jacques CHARPENTREAU,
Poèmes d'aujourd'hui pour les enfants de maintenant,
éd. Ouvrières.

Chanson pour la mer

Pourquoi la mer n'en revient pas
d'avoir des bateaux plein les bras.
d'avoir des îles sur le dos,
d'avoir toujours les pieds dans l'eau.
De croire encore au grand voyage
en cabotant dans les parages,
et d'être bleue quand il fait beau,
mon capitaine, ho hisse et ho !

Il était un petit navire,
oui, mais depuis, j'ai vu bien pire !

Christian DA SILVA,
Pommes de plume, pommes de mots,
St-Germain-des-Prés éd.

Bruit de la mer

Si tu trouves sur la plage
Un très joli coquillage
Compose le numéro
Océan zéro, zéro,
Et l'oreille à l'appareil
La mer te racontera
Dans sa langue des merveilles
Que Papa te traduira.

Claude ROY,
Farandoles et fariboles,
Guilde du livre et
Clairefontaine éd.

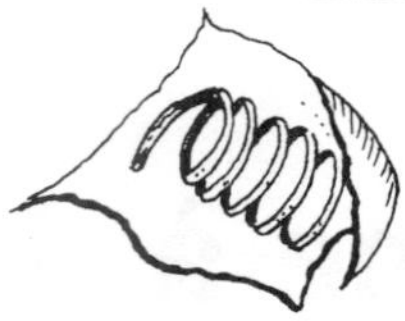
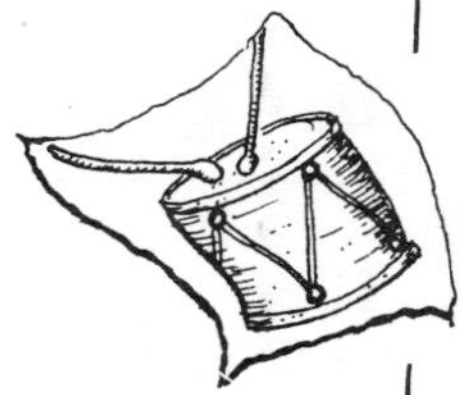

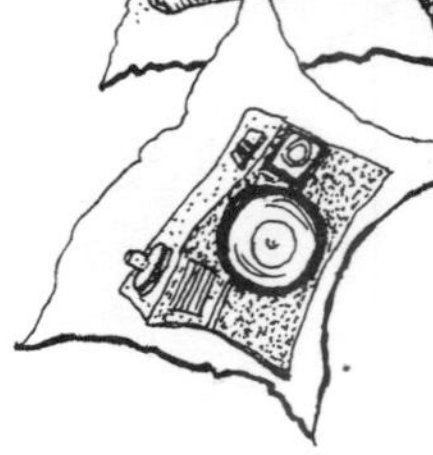

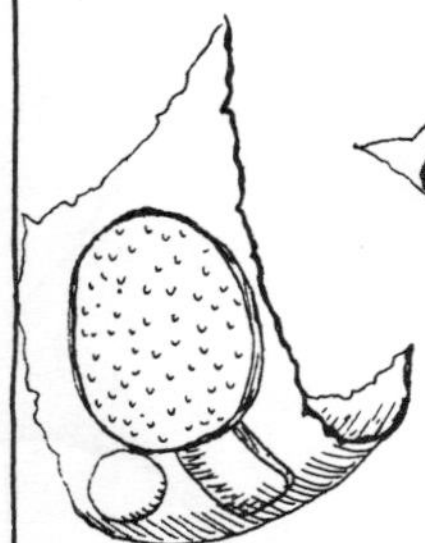

2.

Poème en vrac

1.
Ecris une nouvelle poésie en remplaçant dans le poème :

Tic* par *Ping
Tac* par *Pong
Clic* par *Bing
Clac* par *Bong
Cric* par *Ding
Crac* par *Dong
Flic* par *King
Flac* par *Kong

2.
Termine cette nouvelle poésie comme il te plaira.

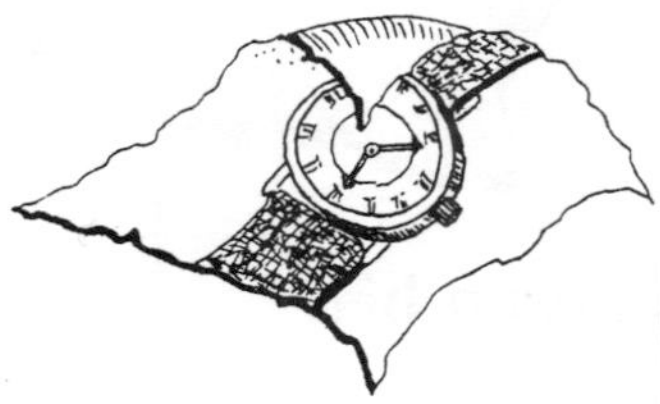

Tic tac
Clic clac
Cric crac
Flic flac.

Tic clac
Clic tac
Cric flac
Flic crac.

Tic crac
Clic flac
Cric tac
Flic clac.

Tic tac
Clic clac
Flic flac
Cric crac.
Boum !

Pondu poème sans queue ni tête
Réciter contre bonne récompense

Pierre CORAN,
La tête en fleurs,
Le cyclope éd.

3. Poème à dire : Chanson bête

1.
Lis ce poème silencieusement.

2.
Tu constates que ce poème peut se dire à deux voix:
- **Comment devront être dites les paroles de la maman?**
- **Et celles de son fils?**

3.
Entraîne-toi avec un(e) camarade à bien dire ce poème.

4.
Sur ton cahier, recopie cette poésie. Tu pourras employer deux couleurs: une, pour les paroles de la maman, l'autre pour celles de son fils.

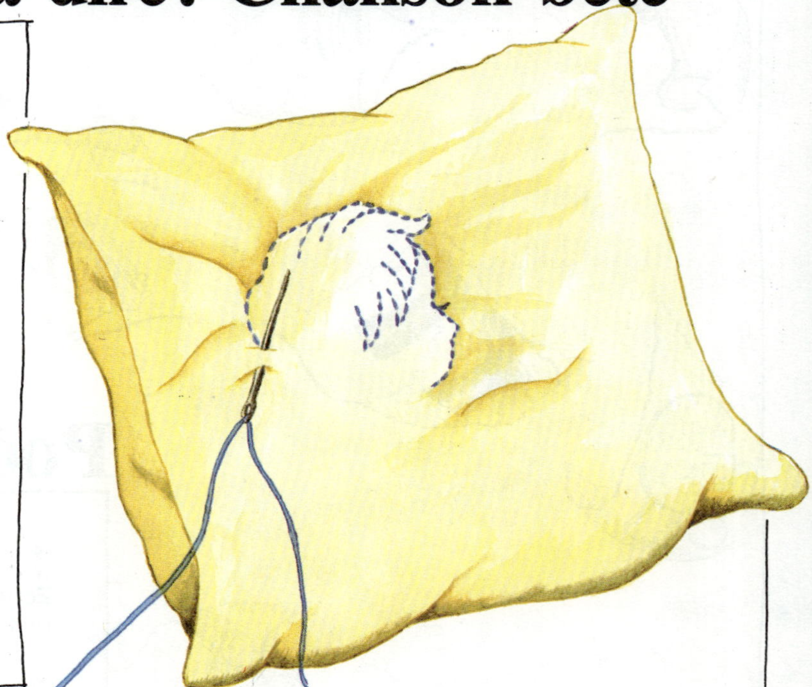

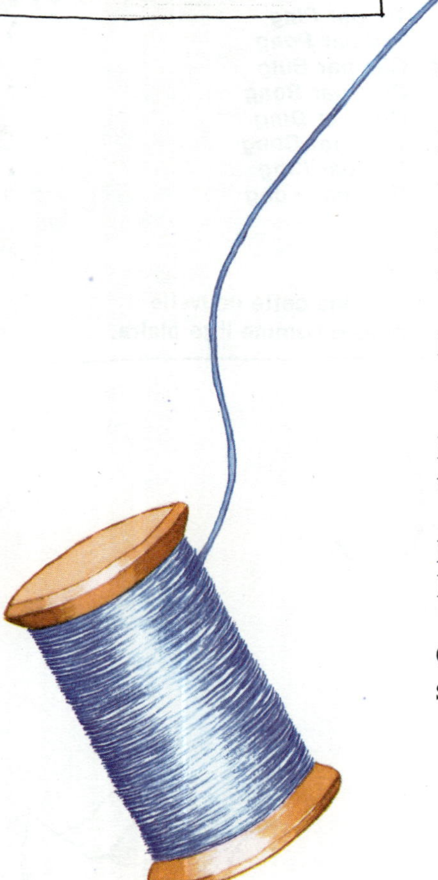

Chanson bête

Maman,
Je voudrais être en argent.

Mon fils
tu auras bien froid.

Maman,
Je voudrais être de l'eau.

Mon fils,
tu n'auras pas chaud.

Maman,
Brode-moi sur ton oreiller.

Oui mon fils,
sans tarder.

Federico GARCIA LORCA,
Poésies 1921-1927,
Gallimard éd.

4.

Pourquoi ?

Pourquoi les arbres perdent-ils leurs feuilles ?
Parce qu'ils ont peur du loup.
Pourquoi fait-il froid la nuit ?
Parce que la lune a manqué le train.

Alain et Bernard.

Ce jeu se joue à deux.

1.
En les numérotant, l'un d'entre vous écrit sur son cahier d'essais, quatre questions commençant par:
• Pourquoi...

2.
Ton voisin devra sans regarder ce que tu fais, écrire pendant ce temps, et également en les numérotant, quatre réponses commençant par:
• Parce que...
ou
• A cause de...

3.
Lorsque vous aurez fini, vous regrouperez questions et réponses en respectant bien la numérotation: la réponse 1 doit être associée à la question 1 ; la réponse 2 doit être associée à la question 2, etc.

4.
Ensuite, vous lirez le texte ainsi constitué.

5.
S'il vous plaît, vous pourrez le recopier tel quel sur votre cahier; sinon, vous pourrez mélanger questions et réponses de manière à obtenir des associations encore plus amusantes. Recopiez alors votre production sur votre cahier.

6.
Comme dans le chapitre précédent, entraînez-vous à dire votre texte sur deux tons différents.

5. Poème à reconstituer

1.

Comme tu peux le constater, certains vers de cette poésie ont été enlevés. Voici, donnés dans le désordre, les vers manquants:

- **D'un petit pas cassé**
- **Et bouge ses oreilles**
- **Du matin jusqu'au soir**
- **Que ça vous fait pitié**
- **Marchant le long des houx**
- **Ses yeux sont en velours**
- **Il reste à l'étable**
- **Il est l'âne si doux**

2.

Les vers de ce poème rimant deux par deux (le vers 1 avec le vers 2; le vers 3 avec le vers 4, etc.), reconstitue cette poésie sur ton cahier, puis illustre-la.

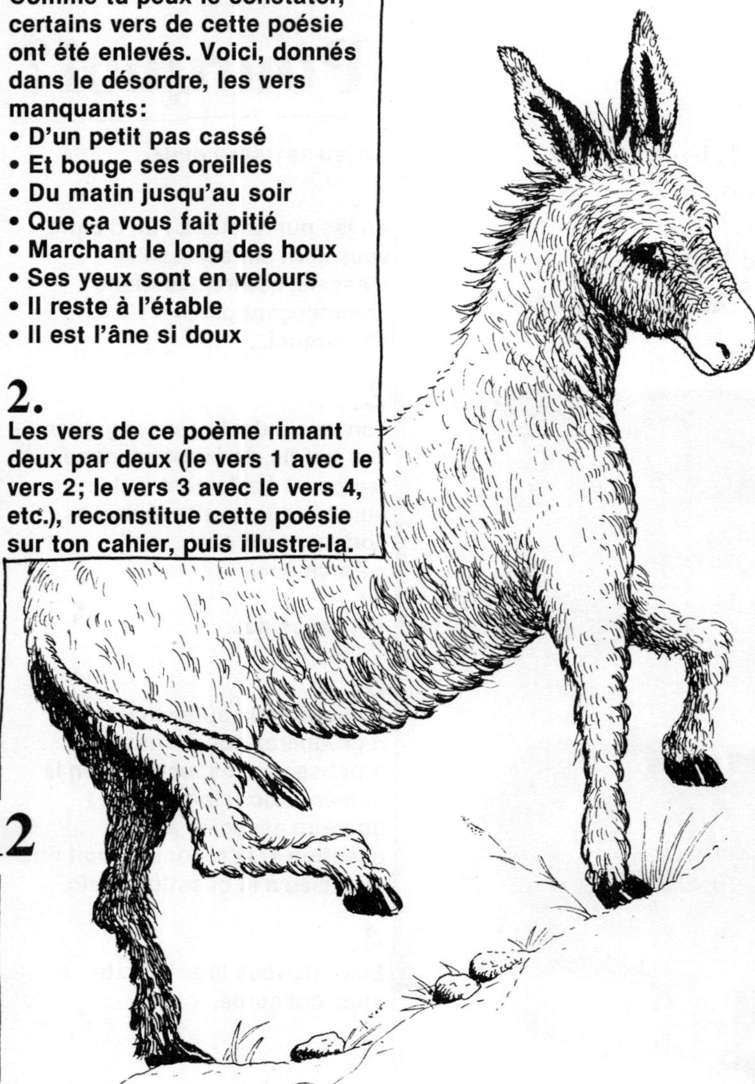

L'âne

J'aime l'âne si doux
. . . .

Il prend garde aux abeilles
. . . . ;

Il va près des fossés
. . . .

Il réfléchit toujours
. . . .

. . . . ,
Fatigué, misérable.

Il a fait son devoir
. . . .

Il a tant travaillé
. . . .

. . . .
Marchant le long des houx.

D'après
Francis JAMMES,
De l'angélus de l'aube à l'angélus du soir,
Mercure de France éd.

6. Poème à dire: Le limaçon

Le limaçon

Pierre
Limaçon, limaçon,
Sors tes cornes, sois mignon!
Si tu es vraiment bien sage
Tu auras du bon fromage.

Limaçon
Je vais... je vais à
cloche-pied...
Fiche-moi la paix
S'il te plaît.

Pierre
Limaçon, limaçon,
Sors tes cornes, mon mignon!
Si tu te sens un peu las
Je te prendrai dans mes bras.

Limaçon
Je vais... je vais à
cloche-pied...

Pierre
Quel animal entêté!

Ewa SZELBURG-ZAREMBINA,
«Pourquoi le concombre ne chante-t-il pas»?,
Poésies polonaises pour enfants,
Saint-Germain-des-Prés éd.

1.
Vaut-il mieux lire, ou dire cette poésie, seul ou à deux? Pourquoi?

2.
Comment devront être dites les paroles de Pierre au début et au milieu de la poésie? et à la fin?

3.
Comment devront être dites les paroles du limaçon?

4.
Entraîne-toi avec un(e) camarade à bien dire cette poésie.

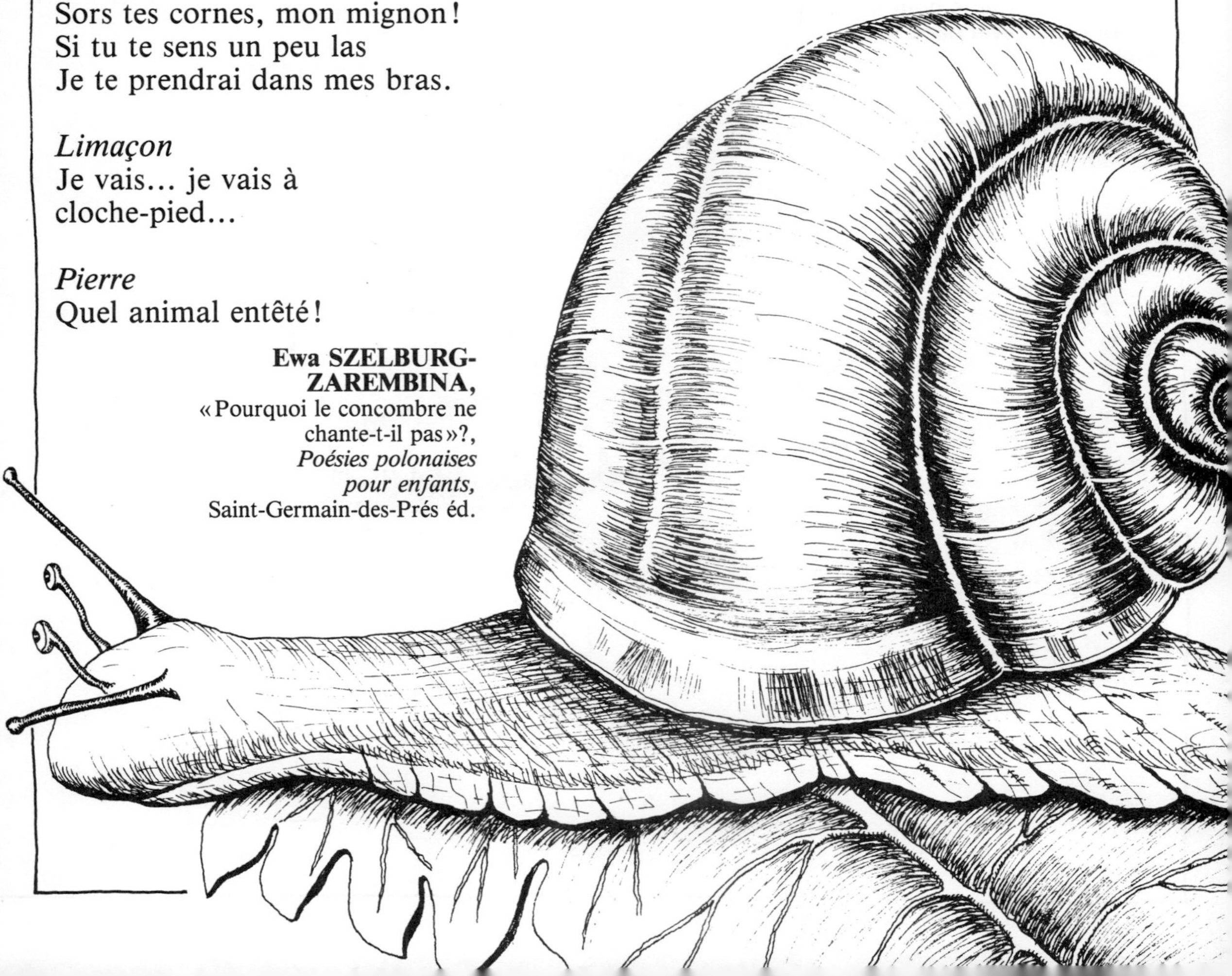

7. Dessin et poésie...

1.
Lis ces poèmes.

2.
Voici d'autres noms de poissons : *le poisson-scie, le poisson-épée, le poisson-lune, le poisson-volant...* Et toi, connais-tu des noms de poissons ? (Tu peux aussi en inventer.)

3.
Regarde le *poisson-avion,* tel que l'a imaginé Guillaume... et le *poisson-maison* de Stéphanie.

4.
A ton tour de dessiner :
• soit le poisson que tu as imaginé ;
• soit *le Cachalot de Saint-Malo*, ou l'un des poissons dont nous parle Brigitte Level dans ses poèmes.

L'Anguille de Manille

La grosse Anguille de Manille
Ne porte jamais d'espadrilles
Mais on la dit très bonne fille
Et très habile au jeu de quilles.

Brigitte LEVEL,
L'arche de Zoé,
Saint-Germain-des-Prés éd.

Le Goujon de Dijon

Lorsque le Goujon de Dijon
Fait trempette au pied du Donjon
La technique de son plongeon
Sidère le vieil esturgeon

Ibid.

Le Cachalot de Saint-Malo

Le Cachalot de Saint-Malo
Téléphonait : ''Allô ! allô !''
Connaissez-vous le matelot
Qui m'a volé mon beau calot ?

Ibid.

Le Merlan de Ceylan

J'ai vu le Merlan de Ceylan
Jouer avec un Cerf-Volant :
Il le lançait d'un seul élan
Et saluait d'un air galant

Ibid.

8. Jeux sur les sons

1.
Lis ces deux poésies.

2.
Dans le poème de Luc Bérimont, quels sont les deux sons qui reviennent le plus souvent ?

3.
Quel est le son le plus fréquent dans la poésie d'Andrée Chedid ?

4.
Voici le début et la fin d'un poème de Jacques Charpentreau, *Paris en vélo.* Recopie cette poésie et complète-la à ta manière en n'oubliant pas de respecter la rime.

A Clichy
Sur un vélo gris
A Maubert
Sur un vélo . . . . . .
A Saint Leu
Sur un vélo . . . . . .
A Montrouge
Sur un vélo . . . . . .
A Clamart
Sur . . . .
A Cachan
. . . .
Gare du Nord
. . . .
Place Vendôme
. . . . .jaune
En cortège
. . . .
Mais à Saint-Germain-des-Prés
J'y vais à pied.

La ville enchantée,
Editions de L'école.

5.
Amuse-toi, seul ou avec un de tes camarades, à composer un petit poème dans lequel les vers rimeront ensemble deux par deux.

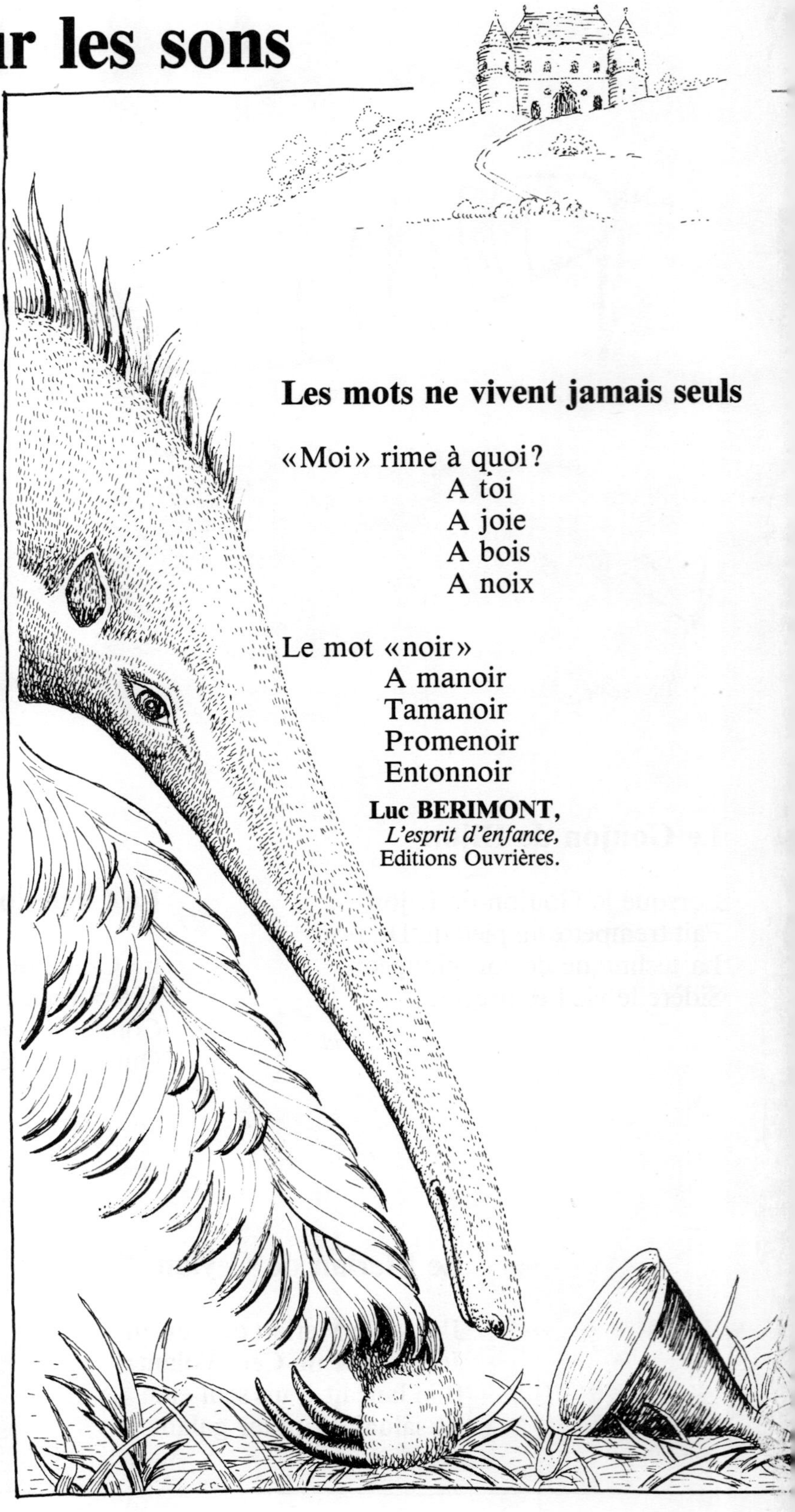

Les mots ne vivent jamais seuls

«Moi» rime à quoi?
A toi
A joie
A bois
A noix

Le mot «noir»
A manoir
Tamanoir
Promenoir
Entonnoir

Luc BERIMONT,
L'esprit d'enfance,
Editions Ouvrières.

Le caillou

Le caillou
passe-partout
sans froufrou
sans bagout
Est jaloux, très jaloux
De Nicéphore, le Pou
Ce casse-cou
Vent-debout
Qui court le guilledou !

Andrée CHEDID,
Le cœur et le temps,
Editions de L'école.

9. Noël et le jour de l'an

1.
Lis ces poésies.

2.
Laquelle préférerais-tu apprendre ou dire devant tes camarades ?

3.
Copie la poésie choisie sur ton cahier, puis illustre-la.

Chant de Noël

Noël ! Noël !
Des clochetons,
Noël ! Noël !
Tous les bourdons

Sautent en chœur jusqu'à la lune,

Noël ! Noël !
Il neige doux,
Noël ! Noël !
Des anges flous,

Emmitoufflés, dans la nuit brune,
Sonne, sonnez, sonne, allez donc
Mes belles cloches, dig, ding, dong !

Marie NOËL,
Les chansons et les heures,
Chiberre éd. Tous droits réservés.

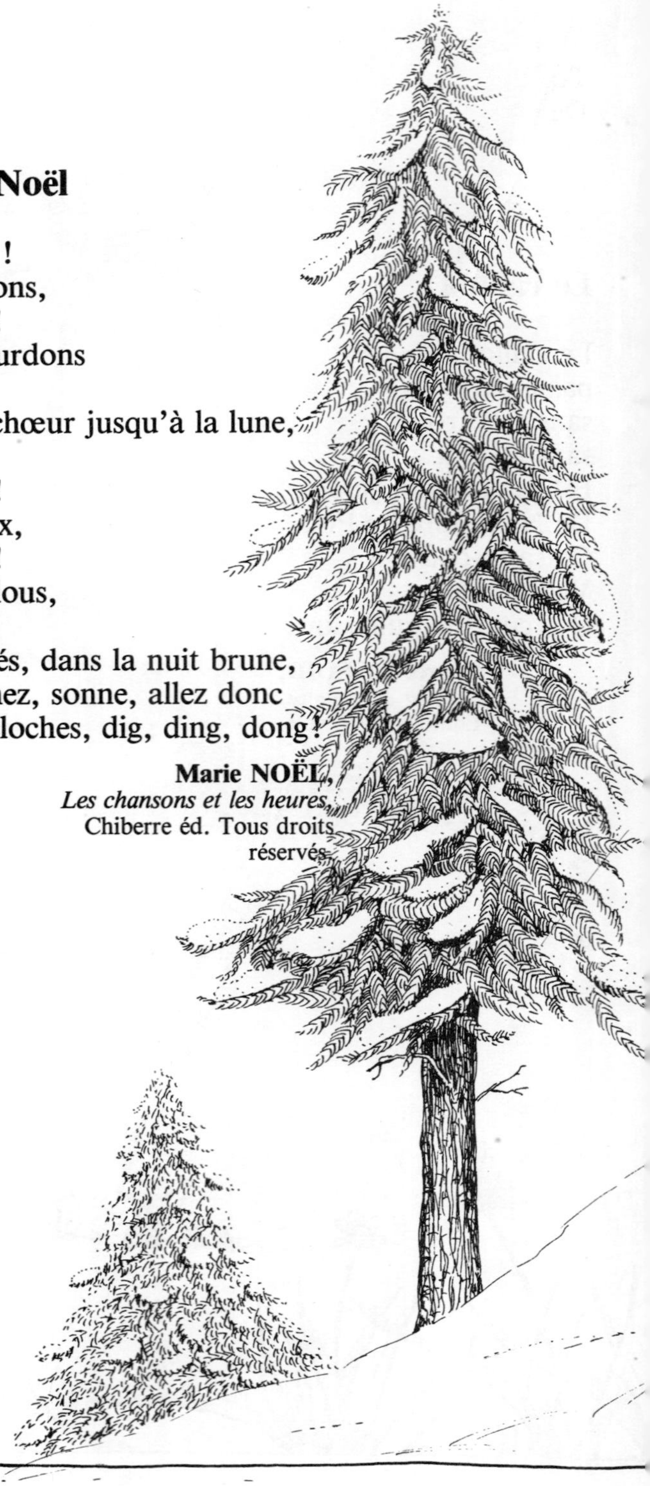

Nouvelle année, année nouvelle,
Dis-nous, qu'as-tu sous ton bonnet ?
J'ai quatre demoiselles
Toutes grandes et belles
La plus jeune, en dentelles,
La seconde en épis,
La cadette est en fruits
Et la dernière en neige.
Voyez le beau cortège !
Nous chantons, nous dansons
La ronde des saisons.

Louisa PAULIN,
In *Amis Coop,*
Statocce éd.

Berceuse du petit sapin

Dors, mon petit sapin, dors bien
Sur les genoux verts de ta mère.
Ne crois pas ce que le tarin
Raconte au seuil de la clairière.

Non, on ne te coupera pas
Pour te planter, à la Noël,
Tout illuminé de chandelles,
Dans un bac en papier doré.

Dors, mon petit sapin, dors bien;
Tu connaîtras le gel, la bise,
Le souffle amical du lapin
Qui se blottit sous ta chemise.

Et c'est une étoile du ciel,
Une vraie qui te coiffera
Quand le petit Jésus naîtra,
Tout bleu de froid, à la Noël.

Maurice CARÊME,
La grange bleue,
Editions ouvrières.
Avec l'aimable autorisation
de la Fondation
Maurice Carême.

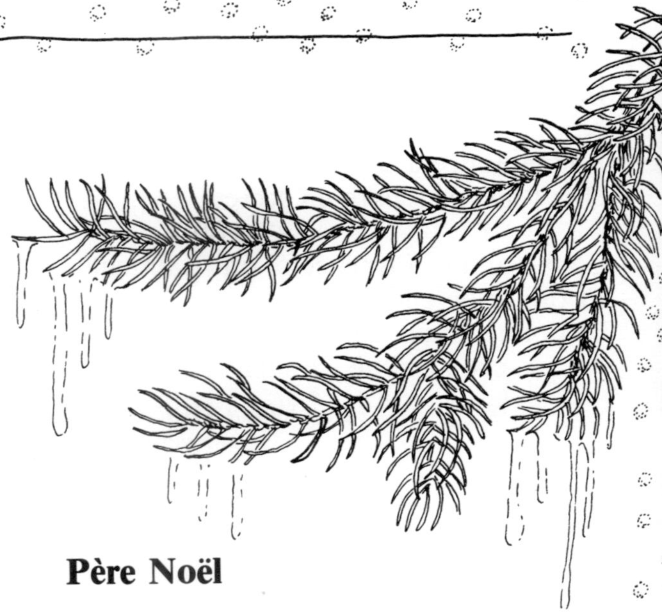

Père Noël

Père Noël, tu vas ce soir,
Apporter beaucoup de bonheur,
Beaucoup de joie, beaucoup d'espoir,
Au fond des cœurs.

Les enfants dans leur petit lit,
Sont endormis, bouche mi-close,
Et dans leur sommeil, ils sourient
Aux rêves roses.

Avec ta hotte, ils te voient
Descendant du ciel dans la nuit
Et te promenant sur les toits
Après minuit,

Ou glissant dans la cheminée
Pour y déposer les cadeaux
Qu'ils t'ont si souvent demandés
Dans leur dodo.

Père Noël, je suis bien grande
Mais je vais mettre mon soulier,
Père Noël, je te demande
De m'écouter.

Père Noël, veux-tu ce soir,
M'apporter un peu de bonheur,
Un peu de joie, un peu d'espoir,
Au fond du cœur ?

Janine REFFAS,
inédit.

Bonne année à toutes les choses:
Au monde! A la mer! Aux forêts!
Bonne année à toutes les roses
Que l'hiver prépare en secret.

Bonne année à tous ceux qui s'aiment
Et qui m'entendent ici-bas...
Et bonne année aussi, quand même,
A tous ceux qui ne s'aiment pas.

Rosemonde GÉRARD,
in *Amis Coop,*
Statocce éd.

Nouvelle année

Oui, oui, mon petit chat,
Reste bien dans mes bras.
Dehors, il fait si froid
Que personne ne passe
Et que les blocs de glace
Remplacent les pavés.
Je te raconterai
Cendrillon, Barbe-Bleue,
La Belle au bois, les Fées.
La vieille année est morte;
Les serpentins l'emportent.
Mon chat, écoute-moi:
Reste bien dans mes bras.
Dehors, il fait si froid!

Maurice CARÊME,
A cloche pied, Ed. Ouvrières.
Avec l'aimable autorisation
de la Fondation
Maurice Carême.

10. Comme...

bavard	comme une pie
gai	comme un pinson
rapide	comme l'éclair
écrire	comme un chat

1.
Lis les étiquettes ci-dessus. Tu peux constater qu'elles établissent des comparaisons.

2.
Remplis, maintenant, les étiquettes vides. Au besoin, aide-toi du dictionnaire.

beau	
dormir	
trembler	
	comme un singe
	comme un turc
	comme un ogre
	comme un linge
doux	
long	

3.
A l'aide des expressions précédentes, compose un petit poème qui commencera par :
- ***C'était un homme bizarre...***

ou par
- ***C'était un personnage extraordinaire..***

ou encore par
- ***C'était un animal étonnant...***

11. Poèmes à voir et à dessiner

1.
Observe les deux premiers poèmes. Que remarques-tu?

2.
Sur ton cahier d'essais, ou sur une feuille, dessine le contour de chacun de ces deux poèmes.

3.
Quel est le prénom, dont les lettres ont été interverties, que l'on retrouve dans le poème d'Apollinaire?

4.
A ton tour maintenant d'imiter,
• soit Pierre Garnier, en représentant par exemple: un sapin, ou le soleil, ou la pluie qui tombe (ou tout autre chose qui t'inspire...);
• soit Apollinaire, en jouant avec les lettres de ton prénom.

e	e	e
e	e	e
e	er	e
re	erb	e
bre	erbr	e
rbre	rerbra	e
arbre	bre	e
er	rbre	re
erb	arbre	bre
erbr	e	rbre
erbra	e	arbre
e	er	er
e	erb	erb
re	erbr	erbr
bre	erbra	erbra
rbre	re	e
arbre	bre	e
er	rbre	re
erb	arbre	bre
erbr	e	rbre
erbra	e	arbre
e	er	er
e	erb	erb
re	erbr	erbr
bre	erbra	erbra
rbre	re	e
arbre	bre	e
er	rbre	e
erb	arbre	e
erbr	e	e
erbra	e	e
e	e	e
e	e	e
e	e	e
e	e	e

Pierre GARNIER,
Doc(k)s, n° 1,
André Silvaire éd.

```
d
dr
dra
drap
drape
drapea
drapeau
drap eau
drap  eau
drap   eau
drap    eau
drap     eau
drap       au
dr           u
d
```

Pierre GARNIER,
Le jardin japonais,
A. Silvaire éd.

A

```
                Adnil
Danil
Nadil
                Nalid        Alnid
                Dilan        Aldin
                Lanid        Ildan
Linda           Landi
Ilnda           Naldi
Nilda           Dalni
Indla
Indal
Lnida
Lndia
Lndai
Lidna
Lidan
```

Guillaume APOLLINAIRE,
Poèmes retrouvés,
Gallimard éd.

12. Avec trois ou quatre mots...

1.
Observe comment Pascale a associé les mots : *oiseau, fleur, cœur,* pour en faire un poème.

Un oiseau
se pose
sur une fleur.
La fleur dit :
« Qui est sur ma jolie corolle ? »
— Ce n'est que moi, répond l'oiseau,
je viens t'apporter
mon cœur.

PASCALE (7 ans),
in *Poésie vivante à l'école,*
Pierre Coran, Casterman éd.

2.
Essaie, toi aussi, de composer une petite poésie avec l'une des séries de mots suivants :
- **chat, soleil, yeux ;**
- **lune, rivière, amour ;**
- **arbre, feu, cheval, plage.**

Si ces mots ne t'inspirent aucune histoire, tu peux aussi en choisir d'autres, à ta convenance.

13. Poème à dire: L'enfant malade

1.
Observe la présentation de ce poème. Qu'a-t-elle de particulier?

2.
Pourquoi les paroles de la mère sont-elles transcrites de manière habituelle?

3.
Pourquoi les paroles de l'enfant ne sont-elles pas transcrites horizontalement, et pourquoi ne sont-elles pas toujours reproduites avec les mêmes caractères d'imprimerie?

4.
Entraîne-toi avec un(e) camarade à bien dire ce poème.

Maman, maman, je vois des DIABLES
Qui dansent sur le paravent
— chut, c'est une bergère aimable
Qui paît ses agneaux simplement.

Maman, maman, quelle TEMPÊTE!
Le vent retourne ma baraquette.
— Mais non, bébé, c'est ton berçeau
Qui tremble tant tu fais de sauts!

O, maman, de MÉCHANTS GARÇONS
Viennent s'ASSEOIR SUR MES poumons.
— Dodo, chéri, c'est ton délire.
Le docteur dit qu'il faut dormir.

Géo NORGE,
Les belles saisons,
Flammarion éd.

14. Poèmes à continuer

Pour toi mon amour

Je suis allé au marché aux oiseaux
Et j'ai acheté des oiseaux
Pour toi
Mon amour

Je suis allé au marché aux fleurs
Et j'ai acheté des fleurs
Pour toi
Mon amour...

Jacques PRÉVERT,
Paroles, Gallimard éd.

1.
« Pour toi mon amour »

• Qu'est-ce que ces deux strophes ont de commun ?
• Qu'est-ce qui les différencie ?
• A part des fleurs et des oiseaux, que peut-on trouver d'autre au marché, que l'on puisse offrir ?

2.
« Il y a »

• *Il y a...* : imagine, toi aussi, ce qu'il peut y avoir.

3.
Continue à ta manière l'une de ces deux poésies.

Il y a

Il y a des petits ponts épatants
Il y a mon cœur qui bat pour toi...
Il y a un beau petit cottage dans le jardin
Il y a six soldats qui s'amusent comme des fous
Il y a mes yeux qui cherchent ton image
Il y a un petit bois charmant sur la colline...
Il y a un berger qui paît ses moutons...
Il y a un rideau de peupliers délicat, délicat...
Il y a toute la vie...

Guillaume APOLLINAIRE,
Poèmes à Lou,
Gallimard éd.

Mon petit chat

J'ai un petit chat,
Petit comme ça.
Je l'appelle Orange.

Je ne sais pourquoi
Jamais il ne mange
Ni souris ni rat.

C'est un chat étrange
Aimant le nougat
Et le chocolat.

Mais c'est pour cela,
Dit tante Solange,
Qu'il ne grandit pas!

Maurice CARÊME,
La lanterne magique,
éd. Ouvrières.
Avec l'aimable autorisation
de la Fondation
Maurice Carême.

15. Avec Maurice Carême

1.
Lis ces poèmes.

2.
Dans tes livres personnels ou dans ceux de la classe, recherche d'autres poèmes de Maurice Carême.
• Choisis-en un, puis entraîne-toi à bien le dire, de façon à pouvoir le présenter à tes camarades.
• Parmi toutes les poésies présentées, recopie sur ton cahier celle qui a été élue par la classe, puis illustre-la.

Les canards

Quels bavards
Ces canards!
Ils ne disent
Que bêtises!
Coin, coin, coin,
A plein bec!
Est-ce grec,
Italien
Ou anglais?
En tout cas,
Je ne les
Comprends pas.

Ibid.

Comptine

Un, deux, trois,
Il y avait sur le toit,
Quatre, cinq, six,
Une poulette en chemise,
Sept, huit, neuf,
Qui, sans casser un seul œuf,
Dix, onze, douze,
Avec un peu de saindoux,
Quatorze, quinze et dix-sept,
Voulait faire une omelette.
Où est treize?
Où est seize?
Comptez sur vos doigts, Thérèse.

Ibid.

Grand-père

Grand-père dit un conte,
Un conte du vieux temps.
Grand-père est amusant
Lorsqu'il nous conte un conte.
Il n'a plus que deux dents
Qu'il découvre en grognant
Pour imiter le loup méchant.
Et tout le monde
Rit à la ronde
Lorsque grand-père conte
Un conte du vieux temps.

Ibid.

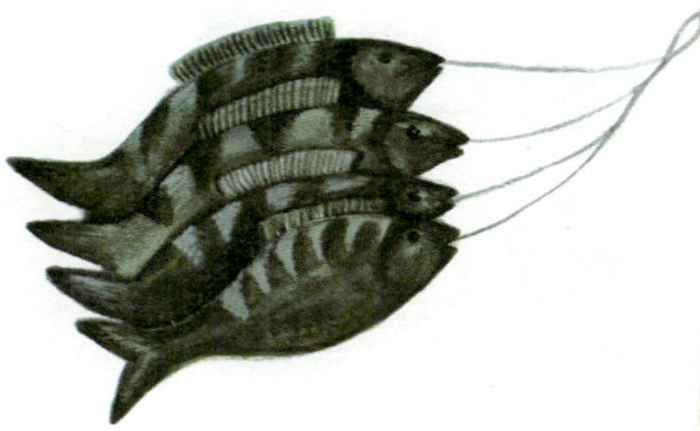

Formulette

Brume, vole, vole,
Efface l'école
Et ses tableaux noirs;
Brume, vole, vole,
Ramène nos songes
Et passe l'éponge
Sur tous nos devoirs.

ibid.

L'ogre

J'ai mangé un œuf,
Deux langues de bœuf,
Trois rôts de mouton,
Quatre gros jambons,
Cinq rognons de veau,
Six couples d'oiseaux,
Sept immenses tartes,
Huit filets de carpe,
Neuf kilos de pain
Et j'ai encor faim.
Peut-être, ce soir,
Vais-je encor devoir
Manger mes deux mains
Pour avoir enfin
Le ventre bien plein.

L'arlequin,
Nathan éd., *ibid.*

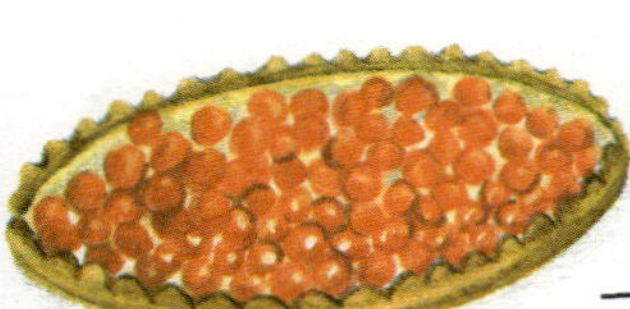

16. C'est...

1.
Lis ces poèmes écrits par Elisabeth et Olivier.

2.
Avec tes camarades, dites ce que représentent pour vous: la mer, le ciel, le feu, le vent, le ruisseau...

3.
A la manière d'Elisabeth et d'Olivier, dis ce qu'est, pour toi, la mer, le ciel, le feu, le vent, le ruisseau, ou tout autre thème à ta convenance (la nuit, la colline, la lune, etc.).

Le soleil, c'est une boule de feu
Le soleil, c'est mon ami
Le soleil, c'est la joie
Le soleil, c'est le sourire de la vie
Le soleil, c'est la plage
Le soleil, c'est les vacances...

Olivier.

La forêt, c'est des arbres
La forêt, c'est le bruit du vent
La forêt, c'est le repère du loup
La forêt, c'est le chant des oiseaux
La forêt, c'est le calme
La forêt, c'est l'air pur
La forêt, c'est le silence...

Elisabeth.

17. Poème à dire: L'oiseau sauvage

L'oiseau sauvage

Ils te prendront, petit oiseau sauvage.
— Père, mon père, je veux voir du pays.
Ils te prendront, petit oiseau sauvage.
— Père, mon père, je reste au bord du nid.

Ils te prendront, petit oiseau sauvage.
— Père, mon père, notre arbre est trop petit.
Ils te prendront, petit oiseau sauvage.
— Père, mon père, je reste auprès du nid.

Ils te prendront, petit oiseau sauvage.
— Père, mon père, je vole près d'ici.
Ils te prendront, petit oiseau sauvage.
— Père, mon père, je vois encor le nid.

Ils te prendront, petit oiseau sauvage.
— Père, mon père, que le monde est joli.
Ils te prendront, petit oiseau sauvage.
— Père, mon père, ô mon père, ils m'ont pris!

Louisa PAULIN,
Rythmes et cadences,
Éditions du Languedoc,

1.
Lis ce poème silencieusement.

2.
Tu constates que ce poème peut être lu à deux voix:
- **comment devront être dites les paroles du père?**
- **et celles du petit oiseau sauvage?**

3.
Entraîne-toi, avec un(e) camarade, à bien dire ce poème.

4.
Sur ton cahier, recopie cette poésie. Tu pourras employer deux couleurs:
- **une pour les paroles prononcées par le père;**
- **l'autre pour les réponses faites par le petit oiseau sauvage.**

18. Furlutulune

1.
Lis ces poésies.

2.
Et pour toi, qu'évoque ce mot : *Furlutulune ?*

3.
Voici encore d'autres mots bizarres et peu connus : grouillot, diplocoque, crételle, caralline, caméline, bachi-bouzouk, annamite, tarentule.
• Ecris un petit poème dans lequel tu exprimeras ce qu'est pour toi *Furlutulune* ou l'un des mots évoqués ci-dessus.

Furlutulune,
C'est un joli nom pour un lutin
Coquin.
Sa copine est brune.
Ils habitent sur la lune.

Sandra,
poésie extraite d'*Amis Coop,* Statocce éd.

Furlutulune, ça ressemble à une poupée de verre, toute belle.

Florence,
ibid.

Furlutulune
C'est une étoile
Posée sur un beau nuage blanc
Qui brille si fort
Qu'il me fait rire.

Gaelle,
ibid.

Furlutulune est un nuage doré comme les étoiles.
Furlutulune est un chat qui attrape les souris volantes.
Furlutulune est une fée qui récompense les enfants sages.
Furlutulune est un garçon très sage comme moi.

Gilles,
ibid

Furlutulune
Le clown de la lune
Faisait des gâteaux de lune
Qui s'appelaient des pluputulunes.
Burluculune,
La sorcière de la lune,
Achetait des pupludutulunes
Pour tuer les puces des Furlutulunes.
Turcubulune,
La mère de Furlutulune
Vendait des lapins de lune
Appelés des puluturlunes,
Pour gagner des grosses moules,
Des grosses moules de lune.
La famille du Furlutulune
Est la plus rigolote de la lune.

Françoise,
ibid.

19. Les oiseaux

1.
Lis ces poésies.

2.
Laquelle préférerais-tu apprendre ou dire devant tes camarades?

3.
Copie celle que tu as choisie sur ton cahier, puis illustre-la.

Dans ma main
L'oiseau j'ai
Dans le ciel
Relâché.

Robert FABRI,
L'oiseau gai, « Arbroiseaux »,
Saint-Germain-des-Prés éd.

L'oiseau joli chante
Sur la branche du pêcher...
Il a pondu trois œufs tachés
Tout au fond du nid,
L'oiseau gris joli.

Madeleine LEY,
in 60 poésies et 60 comptines,
Centurion Jeunesse éd.

L'oiseau voleur

A force de voler
L'oiseau se fit voleur.
Vole un pain, vole un cœur
A la fille étonnée.

Mon voltigeant voleur,
Rends-moi mon cœur volé
Bel oiseau maraudeur
Si tu veux t'envoler.

Claude ROY,
Farandoles et Fariboles,
Clairefontaine éd.

Conjugaison de l'oiseau

J'écris
(à la pie)

J'écrivais
(au geai)

J'écrivis
(au courlis)

J'écrirai
(au pluvier)

J'écrirais
(au roitelet)

Écris !
(au sirli)

Que j'écrive
(à la grive)

Que j'écrivisse
(à l'ibis)

Écrivant
(au bruant)

Écrit
(au pipit)

Luc BÉRIMONT,
L'esprit d'enfance,
Éditions Ouvrières.

Quartier libre

J'ai mis mon képi dans la cage
et je suis sorti avec l'oiseau sur la tête
Alors
on ne salue plus
a demandé le commandant
Non
on ne salue plus
a répondu l'oiseau
Ah bon
excusez-moi je croyais qu'on saluait
a dit le commandant
Vous êtes tout excusé tout le monde peut se
tromper a dit l'oiseau.

Jacques PRÉVERT,
Paroles, Gallimard éd.

L'oiseau rêveur

Je suis l'oiseau rêveur
Qui change de couleur.
Quand il fait beau
Je suis bleu
Quand il fait gris
Je deviens noir
Je rêve, je rêve !
Quand j'ai froid
Une dent me pousse
Quand j'ai chaud
Un cheveu sur la tête
Mais quand je ne rêve plus
Je redeviens l'oiseau nu
Et je ne chante plus.

Isabelle CHASSAIGNE,
extrait de la revue
Virgule.

Le moineau

Je suis né moineau
Sur le bord d'un toit.
Je suis comme il faut
Que le moineau soit.

Allègre, narquois,
Tout en petits sauts,
Je suis né moineau,
En mai, sur le toit.

Je ne suis pas beau
Et j'ai peur des chats.
Oui, mais quelle joie
Quand je crie là-haut
Sur le bord du toit !

Maurice CARÊME,
A cloche-pied, éd. Ouvrières,
avec l'aimable autorisation
de la Fondation
Maurice Carême.

Pour faire le portrait d'un oiseau

Peindre d'abord une cage
Avec une porte ouverte
Peindre ensuite
Quelque chose de joli
Quelque chose de simple
Quelque chose de beau
Quelque chose d'utile
Pour l'oiseau
Placer ensuite la toile contre un arbre
Dans un jardin
Dans un bois
Ou dans une forêt
Se cacher derrière l'arbre
Sans rien dire
Sans bouger
Parfois l'oiseau arrive vite
Mais il peut aussi bien mettre de longues années
Avant de se décider
Ne pas se décourager
Attendre

Jacques PRÉVERT,
Paroles, Gallimard éd.

20. Enchaînement

1.
Lis ces poèmes.

2.
Qu'ont-ils de commun?

3.
A ton tour de composer un poème qui pourrait commencer ainsi:
- **Il passe un train, qu'y a-t-il dedans?...**
- **Dans l'école il y a...**
- **Dans une pâtisserie...**
- **La petite chèvre disait au loup...**

Il passe une voiture, qu'y a-t-il dedans?
— Un panier.
Qu'y a-t-il dans le panier?
— De la paille.
Qu'y a-t-il dans la paille?
— Une poule.
Qu'y a-t-il sous la poule?
— Un œuf.
Qu'y a-t-il dans l'œuf?
— Le blanc.
Qu'y a-t-il dans le blanc?
— Le jaune.
Qu'y a-t-il dans le jaune?
— Une aiguille.
Qu'y a-t-il dans l'aiguille ?
— Un trou.
Qu'y a-t-il dans le trou?
— Une grosse bête qui court après toi.

Georges JAN,
Il était une fois la poésie,
Seghers éd.

Dans Paris...

Dans Paris il y a une rue; dans cette rue il y a une maison; dans cette maison il y a un escalier; dans cet escalier il y a une chambre; dans cette chambre il y a une table; sur cette table il y a un tapis; sur ce tapis il y a une cage; dans cette cage il y a un nid; dans ce nid il y a un œuf; dans cet œuf il y a un oiseau.

L'oiseau renversa l'œuf; l'œuf renversa le nid; le nid renversa la cage; la cage renversa le tapis; le tapis renversa la table; la table renversa la chambre; la chambre renversa l'escalier; l'escalier renversa la maison; la maison renversa la rue; la rue renversa la ville de Paris.

Paul ELUARD,

Au verger

Dans un verger,
Un pommier.

Dans le pommier
Une pomme.

Et dans la pomme
Un trou

Et dans le trou
Un ver

Pierre CORAN,
La courte échelle,
Le cyclope éd.

Chant du ciel

La fleur des Alpes disait au coquillage: «tu luis»
Le coquillage disait à la mer: «tu résonnes»
La mer disait au bateau: «tu trembles»
Le bateau disait au feu: «tu brilles»
[...]

Robert DESNOS,
Corps et biens,
Gallimard éd.

21. Poèmes à illustrer

1.
Lis ces deux poèmes.

2.
Lequel préfères-tu?

3.
Sur une feuille de papier, ou sur ton cahier, illustre celui que tu as choisi.

Portrait de l'Oiseau-Qui-N'Existe-Pas

Voici le portrait de l'Oiseau-Qui-N'Existe-Pas.
Ce n'est pas sa faute si le Bon Dieu qui a tout fait a oublié de le faire.
Il ressemble à beaucoup d'oiseaux, parce que les bêtes qui n'existent pas ressemblent à celles qui existent.
Mais celles qui n'existent pas n'ont pas de nom.
Et voilà pourquoi cet oiseau s'appelle l'Oiseau-Qui-N'Existe-Pas,
Et pourquoi il est si triste.
Il dort peut-être, ou il attend qu'on lui permette d'exister.
Il voudrait savoir s'il peut ouvrir le bec, s'il a des ailes, s'il est capable de plonger dans l'eau sans perdre ses couleurs, comme un vrai oiseau.
Il voudrait s'entendre chanter.
Il voudrait avoir peur de mourir un jour.
Il voudrait faire des petits oiseaux très laids, très vivants.
Le rêve d'un oiseau-qui-n'existe-pas, c'est de ne plus être un rêve.
Personne n'est jamais content.
Et comment voulez-vous que le monde puisse aller bien dans ces conditions?

D'après
Claude AVELINE,
De, José Corti éd.

L'oiseau bleu

Mon oiseau bleu a le ventre tout bleu
Sa tête est d'un vert mordoré
Il a une tache noire sous la gorge
Ses ailes sont bleues avec des touffes de petites
  plumes jaune doré
Au bout de la queue il y a des traces de
  vermillon
Son dos est zébré de noir et de vert
Il a le bec noir les pattes incarnat et deux petits
  yeux de jais
Il adore faire trempette se nourrit de bananes et
  pousse un cri qui ressemble au sifflement
  d'un tout petit jet de vapeur
On le nomme le septicolore

Blaise CENDRARS,
Feuilles de route,
Denoël éd.

22. Emploi du temps

A onze heures :
chez l'Ambassadeur

A midi :
rue Garibaldi

A treize heures :
aller voir ma sœur

Quatorze heures :
bloquer l'ascenseur

A quinze heures :
chez le directeur

A seize heures :
je mange des p'tit-beurre

Dix-sept heures :
écrire à Honfleur

Dix-huit heures :
filer en douceur

Dix-neuf heures :
envoyer des fleurs

A vingt heures :
éviter les heurts

Que faire A VINGT ET UNE HEURES ?

Luc BÉRIMONT,
L'esprit d'enfance,
Éditions Ouvrières.

1.
Lis cette poésie.

2.
Trouve des mots qui se terminent par [œr] (comme dans douce*ur*) et d'autres qui se terminent par [di].

3.
A l'aide de ces mots et à la manière de Luc Bérimont, compose un petit poème.

23. Le printemps

1.
Lis tous ces poèmes.

2.
Lequel préférerais-tu apprendre ou dire devant tes camarades?

3.
Copie-le sur ton cahier, puis illustre-le.

Pâquerette

Pâquerette, pâquerette
il y a des gouttes d'eau
sur ta collerette,
et tu plies un peu le dos.
Pâquerette, pâquerette
le beau soleil printanier
viendra-t-il les essuyer?

Philéas LEBÈGUE,
in *60 poésies, 60 comptines,*
Centurion jeunesse éd.

Printemps

Les petits poings
Des bourgeons bruns
Dans la lumière
Ouvrent leurs doigts
Vert, vert, vert, vert...

Au bout des branches
Les marronniers fleuris
Allument leurs bougies
Roses et blanches.

Les fleurs candides
Des cerisiers
Les aubépines
Dans les prés
Font une ronde folle et blanche
Blanche, blanche, blanche, blanche!

Raymond RICHARD,
Poèmes pour les tout-petits,
éd. du Cep Beaujolais.

Bonjour

Comme un diable au fond de sa boîte
Le bourgeon s'est tenu caché...
Mais dans sa prison trop étroite
Il bâille et voudrait respirer.
Il entend des chants, des bruits d'ailes,
Il a soif de grand jour et d'air,
Il voudrait savoir les nouvelles,
Il fait craquer son corset vert,
Puis d'un geste brusque il déchire
Son habit étroit et trop court,
«Enfin, se dit-il, je respire,
Je vis, je suis libre. — Bonjour!»

Paul GÉRALDY,
in *60 poésies, 60 comptines,*
Centurion jeunesse éd.

Printemps

Il y a sur la plage quelques flaques d'eau
Il y a dans les bois des arbres fous d'oiseaux
La neige fond dans la montagne
Les branches des pommiers brillent de tant de fleurs
Que le pâle soleil recule.

Paul ELUARD,
Le Phénix,
Seghers éd.

Le printemps

Un petit œil jaune,
tout jaune
— c'est la primevère,
la première.

Un petit œil blanc,
très franc
— c'est la pâquerette
mignonnette.

Un petit œil bleu,
malicieux
— c'est le myosotis
tout fleuri.

Un œil de satin
quel malin !
— c'est la violette
qui me guette.

Anonyme,
in *60 poésies, 60 comptines,*
Centurion jeunesse éd.

Une histoire à suivre

Après tout ce blanc vient le vert,
Le printemps vient après l'hiver.

Après le grand froid le soleil,
Après la neige vient le nid,
Après le noir vient le réveil,
L'histoire n'est jamais finie.

Après tout ce blanc vient le vert,
Le printemps vient après l'hiver,
Et après la pluie le beau temps.

Claude ROY,
Farandoles et fariboles,
La Guilde du livre éd.

24. Jouer avec les chiffres, les notes de musique, l'alphabet

Voyage

un deux trois
je pars de chez moi
quat' cinq six
me voici à Nice
sept huit neuf
je suis à Elbeuf
dix onz' douze
je suis à Toulouse

Me revoilà
c'est toi qui t'en vas.

Michel BEAU,
Jonglerimes,
Nathan éd.

L'étourdi

A B C
qui a vu passer
D E F
la tête à Joseph
G H I
quand elle est partie
J K L
elle avait des ailes
M N O
pour aller là-haut
P Q R
voler dans les airs
S T U
n'est pas revenue
V W
pour la retrouver
X Y Z
il faut que tu m'aides

Ibid.

1.
Lis ces trois poèmes.

2.
A l'aide de quels mots, Michel Beau a-t-il écrit chacune de ces trois poésies ?

3.
Avec tes camarades, cherche des mots qui riment avec : *trois, six, neuf...*, puis avec : *do, ré, mi, fa, sol, la, si* ; et enfin avec les lettres : *C, F, L, O, R, U, V, Z.*

4.
A l'aide des mots que tu auras trouvés, à ton tour maintenant d'écrire un petit poème à la manière de Michel Beau.

Comme mon papa

Do, ré, mi, fa, sol,
je vais à l'école
fa, sol, la, si, do,
je saurai bientôt
do, si, la, sol, fa,
comme mon papa
sol, fa, mi, ré, do,
lire les journaux.

Ibid.

25. Poème à dire : Les pommes

1.
Lis ce poème silencieusement.

2.
Pourquoi ce poème est-il transcrit dans deux caractères d'imprimerie différents ?

3.
Entraîne-toi à bien dire ce poème avec l'un(e) de tes camarades.

Les pommes

— Dix pommes dans mon panier
j'en croque une, j'en croque une,
dix pommes dans mon panier
— *T'en reste neuf à croquer !*

— Neuf pommes dans mon panier
j'en croque une, j'en croque une,
neuf pommes dans mon panier
— *T'en reste huit à croquer !*

— Huit pommes dans mon panier
j'en croque une, j'en croque une,
huit pommes dans mon panier
— *T'en reste sept à croquer !*

— Sept pommes dans mon panier
j'en croque une, j'en croque une,
sept pommes dans mon panier
— *T'en reste six à croquer !*

— Six pommes dans mon panier
j'en croque une, j'en croque une,
six pommes dans mon panier
— *T'en reste cinq à croquer !*

— Cinq pommes dans mon panier
j'en croque une, j'en croque une,
cinq pommes dans mon panier
— *T'en reste quatre à croquer !*

— Quatre pomm'...

— Trois pommes...

— Deux pommes...

— Une pomme dans mon panier
je la croque, je la croque,
une pomme dans mon panier
— *Tu les as toutes croquées !*

Michel BEAU,
Jonglerimes,
Nathan éd.

26.
Le rêve

1.
Lis ces poèmes écrits par des enfants de ton âge.

2.
A la manière de Nadia, Nathalie, Frédéric, Armelle ou Frédérique, raconte un de tes rêves.

Un enfant a rêvé
Qu'il était une craie

Un enfant a rêvé
Qu'elle serait cassée

Un enfant a rêvé
Qu'il était un papier

Un enfant a rêvé
Qu'il se déchirait

NADIA,
poésie extraite de
Amis Coop, Statocce éd.

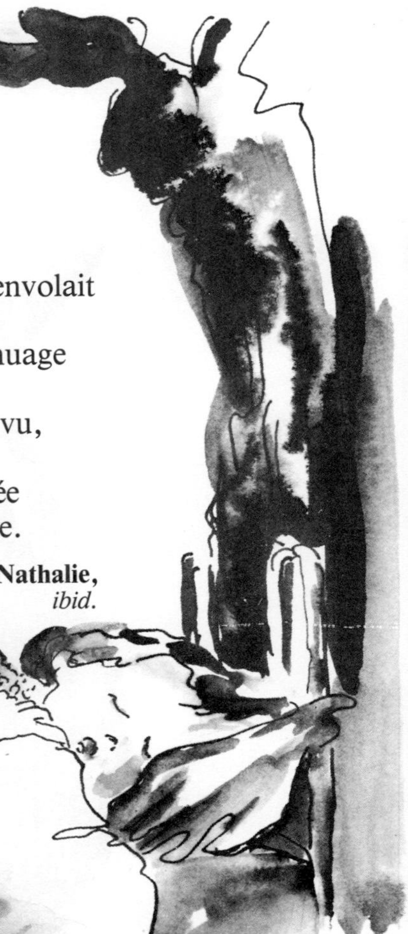

Une nuit j'ai rêvé:
Que tout le monde s'envolait
Dans le ciel,
Et s'installait sur un nuage
ou sur une planète.
Mais moi je n'ai rien vu,
Car en m'envolant,
Je suis restée accrochée
A une branche d'arbre.

Nathalie,
ibid.

Un enfant a rêvé
Du vent qui couche
L'herbe et les arbres

Un enfant a rêvé
Que les enfants
Couraient après les papillons

Frédéric,
ibid.

J'ai rêvé que mon chien
Avait construit
Dans sa niche
Une cuisine et une chambre
Je faisais la cuisine
Il allait faire les courses.

Armelle,
ibid.

Cette nuit, j'ai vu plein
De p'tits lapins
Courir dans mon jardin.
Ils faisaient des p'tits crottins,
Ils mangeaient le thym
Et le romarin…
Mais au matin,
Fini le thym,
Les p'tits crottins
Des p'tits lapins…
Ah! Quel beau rêve!

Frédérique,
ibid.

27. Poème à dire: Les yeux qui pleurent

Les yeux qui pleurent

Tes yeux pleurent
Es-tu triste ?
As-tu peur
Du dentiste ?

Qui t'a fait
De la peine ?
Un distrait
Un sans-gêne ?

Dis, pourquoi
Ces joues sales ?
As-tu froid ?
As-tu mal ?

Oh ! Assez de questions !
J'ai pelé des oignons.

Pierre CORAN,
Pile ou face, Le cyclope éd.

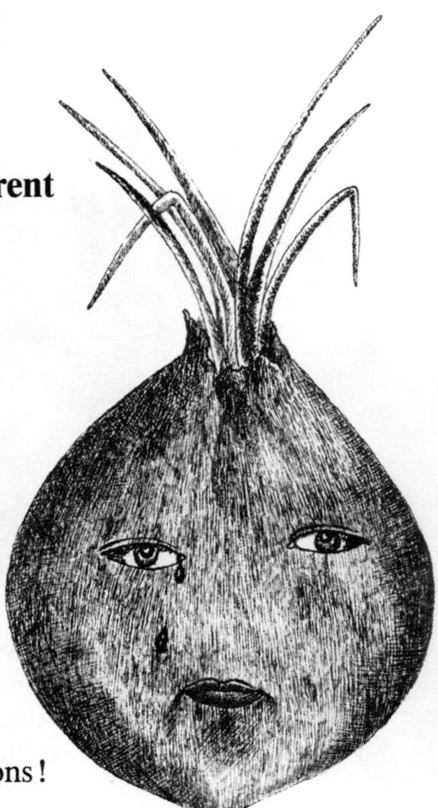

1.
Lis ce poème silencieusement.

2.
Tu constates que ce poème peut être lu à deux voix. Indique les numéros des vers que chacun devra dire.

3.
Entraîne-toi, ainsi, avec l'un(e) de tes camarades, à dire cette poésie.

4.
Ce poème peut également être lu à plus de deux personnes. Comment découperais-tu ce poème pour qu'il puisse être dit à 4,5,6 et 7 personnes ?

5.
Fais des essais de lecture à haute voix avec plusieurs de tes camarades.

28. Je voudrais... J'aimerais...

1.
Lis ces poèmes.

2.
Et toi que voudrais-tu? qu'aimerais-tu? A la manière de Madeleine Ley, ou en t'inspirant des poèmes d'Hélène, Denis, Marie ou Evelyne, écris une petite poésie dans laquelle tu exprimeras un de tes souhaits.

J'aimerais
Que tu me dises:
Des mots d'amour,
Des mots de rêve,
Des mots qui font plaisir.

Evelyne
ibid.

La girafe

Je voudrais une girafe
Aussi haute que la maison
Avec deux petites cornes
et des sabots bien cirés
Je voudrais une girafe
pour entrer sans escalier
par la lucarne du grenier

Madeleine LEY,
in *60 poésies, 60 comptines,*
Centurion jeunesse éd.

Je voudrais
Sentir l'odeur
De la terre piétinée,
Dans un chemin
De campagne,
Après la pluie.

Hélène,
ibid.

Je voudrais, dans mon quartier,
Une vraie forêt de chênes,
De palmiers, d'arbres fruitiers,
De marronniers,
Et d'arbres à grimper.

Denis,
extrait de *Virgule.*

J'aimerais
Voir une fleur s'épanouir
Cela me ferait plaisir

Marie,
ibid.

29. Poème à dire: Encore l'art po

1.
Lis ce poème silencieusement.

2.
Comment s'appelle ce trouble de la parole, qui se manifeste par une difficulté de prononciation et par la répétition de mots ou de syllabes?

3.
Entraîne-toi à bien dire ce poème.

Encore l'art po

C'est mon po — c'est mon po — mon poème
Que je veux — que je veux — éditer
Ah je l'ai — ah je l'ai — ah je l'aime
Mon popo — mon popo — mon pommier

Oui mon po — oui mon po — mon poème
C'est à pro — à propos — d'un pommier
Car je l'ai — car je l'ai — car je l'aime
Mon popo — mon popo — mon pommier

Il donn'des — il donn'des — des poèmes
Mon popo — mon popo — mon pommier
C'est pour ça — c'est pour ça — que je l'aime
La popo — la popomme — au pommier

Je la sucre — et j'y mets — de la crème
Sur la po — la popomme — au pommier
Et ça vaut — ça vaut bien — le poème
Que je vais — que je vais — éditer

Raymond QUENEAU,
Le chien à la mandoline,
Gallimard éd.

30. Maman

1.
Lis tous ces poèmes.

2.
Parmi toutes ces poésies, laquelle préférerais-tu apprendre ou dire devant tes camarades ?

3.
Copie-la sur ton cahier, puis illustre-la.

Ma douce maman

Tu es belle comme une violette, Tu sens bon le lilas… Tes lèvres ont la couleur d'une rose rouge, Tes yeux celle d'une émeraude… Quand tu ris, c'est comme si le monde se refaisait. Ma douce maman, tu es merveilleuse.

Delphine,
poésie extraite d'*Amis Coop*, Statocce éd.

Chanson de tout cœur

Une passerose
Qui chante et qui cause
On a vu ça
On a vu ça
Ou bien on le verra

Un martin-pêcheur
Qui rit et qui pleure
On a vu ça
On a vu ça
Ou bien on le verra

Un arbre qui danse
Un caillou qui pense
On a vu ça
On a vu ça
Ou bien on le verra

Mais une maman
Qu'a le cœur méchant
Jamais vu ça
Jamais vu ça
Jamais ne se verra

Jean ROUSSELOT,
Petits poèmes pour cœurs pas cuits,
St-Germain-des-Prés éd.

Poème à ma mère

O toi, ma mère,
Avec tes grands yeux bleus
Et ton sourire éclatant,
Tu es la plus belle des mamans.
Tu aimes nous faire plaisir
En nous donnant des gâteries.
Tu chantes des chansons
Pour nous endormir,
Et quand tu parles,
Tes mots s'envolent comme des papillons.

Alain,
ibid.

Tu es tout

Tu es une rose dans un jardin.
Tu es un pommier dans un verger.
Tu es tout pour moi, pour ma vie, pour mon bonheur.
Tu es une abeille qui butine une fleur.
Tu es une chanson qui passe dans l'air.
Tu es tout pour moi, pour ma vie, pour mon bonheur.
Tu es un oiseau chantant dans la campagne.
Tu es un bleuet secoué par le vent.
Maman.

Céline,
ibid.

Voici un joli bouquet de fleurs,
Je te l'offre de tout mon cœur,
Il est de toutes les couleurs,
Les couleurs de mon cœur.

Sandra,
ibid.

Ma maman chérie

Maman adorée... Maman, rien que pour Toi, Maman, ce matin en rêvant, en ouvrant la fenêtre, sur les pétales de roses, j'ai vu de fines pierres précieuses. Je voudrais que ces rosettes t'apportent ce que j'aimerais t'exprimer ! Mais sans phrases compliquées, avec mes tendres pensées, je te dis simplement : Bonne fête, Maman !

Françoise,
ibid.

Pour ma mère

Il y a plus de fleurs
Pour ma mère, en mon cœur,
Que dans tous les vergers ;

Plus de merles rieurs
Pour ma mère, en mon cœur,
Que dans le monde entier ;

Et bien plus de baisers
Pour ma mère, en mon cœur,
Qu'on en pourrait donner.

Maurice CARÊME,
La lanterne magique,
éd. Ouvrières.
Avec l'aimable autorisation
de la Fondation
Maurice Carême.

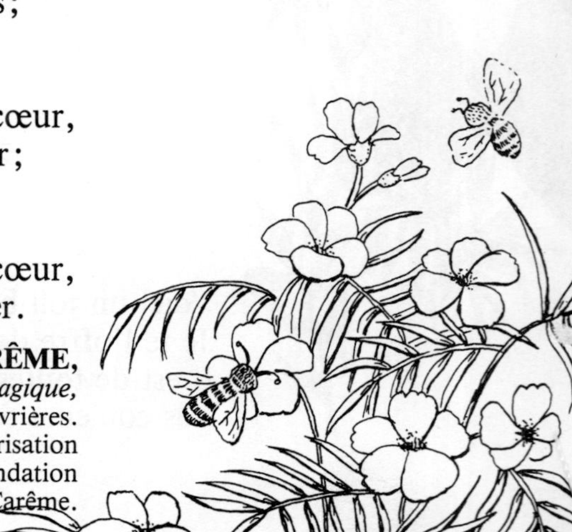

Une mère

Des milliers d'étoiles dans le ciel,
Des milliers d'oiseaux dans les arbres,
Des milliers de fleurs au jardin,
Des milliers d'abeilles sur les fleurs,
Des milliers de coquillages sur les plages,
Des millions de poissons dans les mers,
Et seulement, seulement une mère.

André BAY,
Comptines et poésies pour les enfants,
Stock éd.

Fête des Mères

Je voulais, Maman gentille,
t'offrir de belles jonquilles
en un bouquet engageant.
J'ai regardé les boutiques
mais les prix sont fantastiques
et ma bourse a peu d'argent !

Alors, au fond de ma tête,
j'ai composé pour ta fête
un tout petit compliment,
et je t'offre ce poème
pour te dire que je t'aime,
je t'aime bien fort, Maman.

Michel BEAU,
Jonglerimes,
Nathan éd.

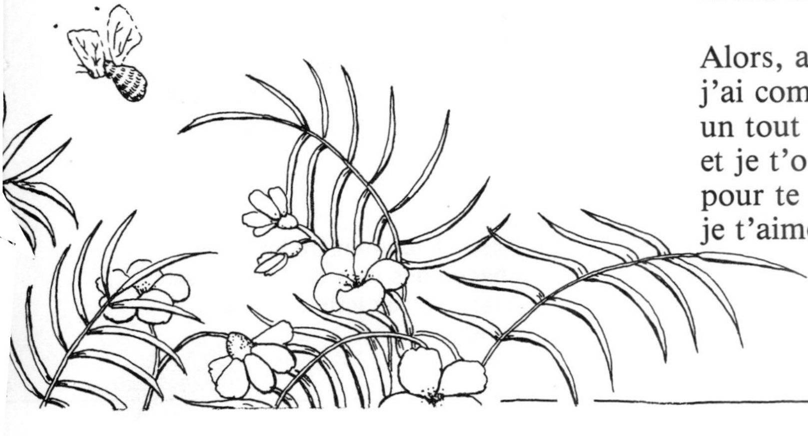

31. Peinture et poésie

Lecture, Renoir, 1890.

Les deux fillettes
Élégamment habillées,
Cherchent dans un livre
Très ancien,
Un poème,
Racontant aux enfants : la mer bleue
Et ses vagues immenses.

1.
Observe le tableau, puis lis silencieusement le poème écrit par une classe de Cours élementaire.

2.
Associe la première lettre de chacun des vers de cette poésie: quel mot ces lettres forment-elles?

Gitans, (Les roulottes, campement de bohémiens, Van Gogh, 1888).

3.

Quel titre a-t-on donné à ce tableau ?

Individuellement (ou par groupes de deux ou trois) et en te servant de la technique découverte à l'exercice 2, compose un petit poème décrivant le tableau de Van Gogh.

32. Poème à dire: Poum

1.
Lis ce texte silencieusement.

2.
Comment devras-tu dire ce texte devant tes camarades, si tu veux leur faire peur?

3.
Entraîne-toi à bien jouer et à bien dire ce passage.

4.
Recopie ce poème sur ton cahier puis illustre-le.

Poum

61

« Je suis le diable. Le diable. Personne n'en doit douter. Il n'y a qu'à me voir, d'ailleurs. Regardez-moi, si vous l'osez ! (...)

« J'ai des cornes de poils blancs, raides, qui fusent hors de mes oreilles, et des griffes, des griffes, des griffes. Combien de griffes ? Je ne sais pas. Cent, mille peut-être. J'ai une queue plantée de travers, maigre, mobile, impérieuse, expressive, — pour tout dire —, diabolique (...).

« Je suis le diable, et je vais commencer mes diableries sous la lune montante, parmi l'herbe bleue et les roses violacées... Gardez-vous, si je chante trop haut cette nuit, de mettre le nez à la fenêtre : vous pourriez mourir soudain de me voir, sur le faîte du toit, assis tout noir au centre de la lune !... »

COLETTE,
La paix chez les bêtes,
Grasset éd.

INDEX

Table des matières

● Dominante : création ■ Dominante : diction ▲ Dominante : graphisme ✻ Dominante : thème imprégnation

Références iconographiques
Page 58 : Pierre-Auguste Renoir, *La lecture*, 1890 ; Musée du Louvre, Paris. Ph. Hubert Josse ©Photeb ©by SPADEM 1982.

Page 59 : Vincent Van Gogh, *Les roulottes, campement de bohémiens,* 1888 ; Musée du Jeu de Paume, Louvre, Paris. Ph. Hubert Josse ©Archives Photeb.

64 **Fin**

Maury-Imprimeur S.A. – 45330 Malesherbes
Dépôt légal : mai 1990 – N° d'imprimeur : B90/29282 C
Dépôt 1re édition : février 1983

Imprimé en France